中国文化
知识读本

ZHONGGUO WENHUA ZHISHI DUBEN

晋商与山西票号

金开诚◎主编

王忠强◎编著

吉林出版集团有限责任公司
吉林文史出版社

图书在版编目（CIP）数据

晋商与山西票号/王忠强编著. —— 长春：
吉林出版集团有限责任公司：吉林文史出版社,2009.12
(2018.1重印) (中国文化知识读本)
ISBN 978-7-5463-1542-3

Ⅰ. ①晋… Ⅱ. ①王… Ⅲ. ①商业史－山西省 ②金融
史－山西省 Ⅳ.①F729②F832.9

中国版本图书馆CIP数据核字 (2009) 第222445号

晋商与山西票号

JINSHANGYUSHANXIPIAOHAO

主编/ 金开诚 编著/王忠强

项目负责/崔博华 责任编辑/曹恒 崔博华

责任校对/王明智 装帧设计/李岩冰 刘冬梅

出版发行/吉林文史出版社 吉林出版集团有限责任公司

地址/长春市人民大街4646号 邮编/130021

电话/0431-86037503 传真/0431-86037589

印刷/北京龙跃印务有限公司

版次/2010年1月第1版 2018年1月第4次印刷

开本/650mm×960mm 1/16

印张/9 字数/30千

书号/ISBN 978-7-5463-1542-3

定价/34.80元

关于《中国文化知识读本》

　　文化是一种社会现象，是人类物质文明和精神文明有机融合的产物；同时又是一种历史现象，是社会的历史沉积。当今世界，随着经济全球化进程的加快，人们也越来越重视本民族的文化。我们只有加强对本民族文化的继承和创新，才能更好地弘扬民族精神，增强民族凝聚力。历史经验告诉我们，任何一个民族要想屹立于世界民族之林，必须具有自尊、自信、自强的民族意识。文化是维系一个民族生存和发展的强大动力。一个民族的存在依赖文化，文化的解体就是一个民族的消亡。

　　随着我国综合国力的日益强大，广大民众对重塑民族自尊心和自豪感的愿望日益迫切。作为民族大家庭中的一员，将源远流长、博大精深的中国文化继承并传播给广大群众，特别是青年一代，是我们出版人义不容辞的责任。

　　《中国文化知识读本》是由吉林出版集团有限责任公司和吉林文史出版社组织国内知名专家学者编写的一套旨在传播中华五千年优秀传统文化，提高全民文化修养的大型知识读本。该书在深入挖掘和整理中华优秀传统文化成果的同时，结合社会发展，注入了时代精神。书中优美生动的文字、简明通俗的语言、图文并茂的形式，把中国文化中的物态文化、制度文化、行为文化、精神文化等知识要点全面展示给读者。点点滴滴的文化知识仿佛颗颗繁星，组成了灿烂辉煌的中国文化的天穹。

　　希望本书能为弘扬中华五千年优秀传统文化、增强各民族团结、构建社会主义和谐社会尽一份绵薄之力，也坚信我们的中华民族一定能够早日实现伟大复兴！

【目录】

一 晋商历史

（一）晋商概述

"晋商"这个社会群体，自古代晋国时期出现，经历过"开放关市，招徕商贾，以有易无，各得所需，四方来集，远乡都到"的原始、半原始经营活动的艰苦岁月。明朝中叶，随着国内资本主义工业萌芽的产生，山西商人凭借独到的经营智慧，乘势崛起，对山西富有的盐、铁、麦、棉、皮、毛、木材、旱烟等特产进行长途贩运，设号销售，套换江南的丝、绸、茶、米，再转销至西北、蒙、俄等地，销售活动遍及全国。清朝中叶，山西商人适应金融业汇兑业务的需要，由经营商业向金融业发展，山西票号几乎独占全国的汇兑业务，成为执全国金融牛耳的强大商业金

祁县大德通票号

晋商渠家大院

融资本集团。

在瞬息变幻、强手如林的商海中，"晋商"排除历史上战争、灾难、变乱等不尽的干扰，到明清时期几乎独占全国金融资本，开创了晋商的鼎盛时期，执全国商业牛耳达三四百年，创造了中国商业史上最辉煌的一页。

(二) 晋商的兴衰

1. 源远流长

山西商业传统历史悠久，早在远古时期，山西南部就有"日中为市，致天下之民，聚天下之货，交易而退，各得其所"

的交易活动。春秋战国时期,晋文公看中山西"沃饶而近盐"的地理条件,实行"轻关易道,通商宽农"的政策,促进了当地商业的发展。活跃在河东地区的著名大商贾猗顿,涉足盐业和畜牧业,世称陶朱猗顿之富。汉代,马邑(今朔州)商人聂壹和太原商人王烈已将活动区域伸展至辽东和西北。魏晋南北朝时,商人莫含"家世货殖,赀累巨万"。隋唐时期,武则天的父亲武士彟因贩卖木材而大富,后来支持李渊晋阳起兵,当上了礼部尚书。宋元时期,山西整个商业尚称发达,商业税居全国第五位。

2.成长于明代

明朝建立后,中国并没有完全统一,

晋逢德票号

北部长期处于紧张的军事对峙之中,时
有战乱发生。中国北部九个边镇构成的
防御屏障,东起辽东镇东海岸,西至甘肃
镇嘉峪关,管辖边墙全长 5274 公里,平
时驻军达八十多万,大批兵马自然需要
巨额粮饷供应。为解决边镇军事消费与
供应的矛盾,明王朝采取了不少措施,其
中一项对晋商的成长产生了重要影响:
按官府要求承办边镇需求的粮食等物
资,即可获得盐的专卖权。

　　此外,汉蒙两族之间贸易互补性很
强,蒙古族需要内地的粮、布、棉、丝、铁
器和其他各种生活用品,汉族也需要蒙
古族的马匹、皮毛等物资。山西"极临边
地",正处在北方游牧地区和中原农耕地
区的中间地带,历来在两种经济的互补
贸易中占有优势。明代马市和茶市的开
放虽然是有限的,但也给山西商人带来
了新的重要商机,山西商人充分发挥了
优势,成为茶马互市的主要力量。

　　大规模移民也促进了晋商的成长。
山西地狭人稠,土瘠民贫,十年九旱,民
食不足。山西南部和中部战事较少,人口
相对增加。当发生较大灾荒之时,有众多
的山西灾民逃往异乡,附籍当地。大规模
有组织的移民和不断迁往各地的逃民,

晋逢德票号

必然增强山西与各地的联系，增加山西人外出经商的机会，为晋商涉足京师，并向冀、鲁、豫、陕和内蒙古等地开拓发展创造了条件。

3.崛起于清代前期

从顺治开始，到康熙、雍正、乾隆、嘉庆，出现了历史上称为"康乾盛世""乾嘉盛世"的极盛时期。山海关外、内外蒙古和新疆等北部边疆地区实现了统一与和平，与之相邻相近的山西也较早实现了稳定；较之明代，清代放宽了边禁，扩大了边地各族互市贸易的开放程度；清朝初期在恰克图开设了陆路外贸口岸，它曾是全国唯一的外贸口岸，后来在相当

晋商文物陈列

长时间内，是与广东海上外贸口岸并列的全国仅有的两个口岸之一；相对于明朝，清朝实行了较为开明的重商和恤商政策，也为地处北方、已在边地贸易中具有一定优势的晋商提供了广阔的发展空间和较好的发展环境。晋中商帮正是在这一百七十多年中，借助前所未有的历史机遇，迅速崛起，形成了巨大的商人群体，足迹遍于各国各地。

4.清代后期达到巅峰

从道光年间开始，晋中商帮进入鼎盛时期，其显著标志是道光三年(1823年)首创票号，很快形成平遥、祁县、太谷三大票帮"汇通天下"，执中国金融界之牛耳，造成金融业和商业相辅相成、空前繁荣的局面。中经咸丰、同治两代，直到光绪末年，历经四朝，历时八十余年。

道光、咸丰年间，中国商品经济和晋中商帮自身正常发展的延续和必然结果，正如日升昌票号著名的楹联所书，是"日丽中天"。然而，在同治、光绪年间，晋商的繁荣却是一种畸形的、潜伏着巨大危机的繁荣。因为那是帝国主义侵略带来的特殊商机，尽管从表面看是"极盛"，但反过来就是"盛极"，会转化为盛极而衰，一落千丈。

祁县民俗博物馆文物

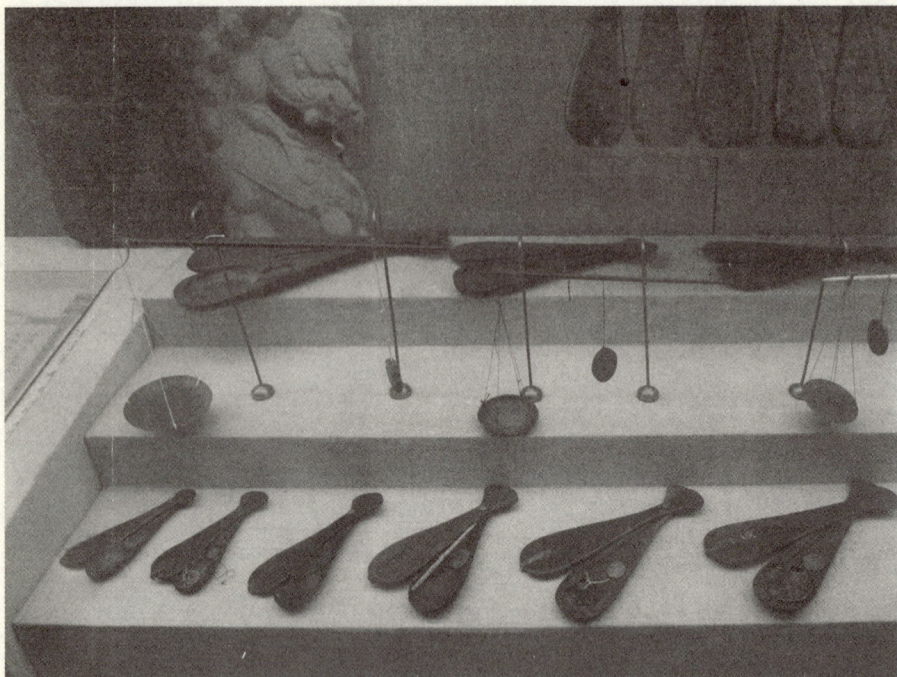

晋商当年所用的物品

5.民国时期走向衰败

进入民国时期，战乱连年，国无宁日。这就迫使贸迁四方、足迹遍天下的晋商，不得不从四面八方撤退，向本土收缩。1937年七七事变后，日军侵入山西，占领8年之久，这是国家和民族的空前浩劫和灾难，也是对晋商的毁灭性的打击。从此，称雄中国商界500年的晋商走向了衰败。

（三）晋商的特点

从山西商人的发家史看，经商并不完全是一件令人愉悦的事，他们饱尝了常人难以想象的苦难，几代晋商甚至为

此献出了生命，晋商积累资本的过程中充满了艰辛。

　　天寒风烈、山多地少、土瘠民贫的生存环境，逼着山西人背井离乡，踏上从商之路。山西商人大多白手起家，他们靠的是勤俭吃苦的创业精神，一步一步走向成功。许多山西商人把吃苦勤俭的美德代代承传，形成一种不怕艰苦、不畏风险的创业精神。

（四）晋商成功之道

　　晋商称雄国内商界五个多世纪，"生意兴隆通四海，财源茂盛达三江"，他们的成功，受人瞩目。探索晋商的成功之

关羽被晋商奉为义利观的模范

道，可以给今日的商业活动以有益的启迪。

1.优秀的文化品格

明清晋商中有不少人受过严格的传统文化教育，具有相当的文化素养，这对经商活动产生了很大影响，并形成了他们新的文化观。

对于儒和贾，明清社会上的一般看法是"儒为名高，贾为厚利"，认为儒、贾追求目标不一。但一些山西商人却提出了儒贾相通观，他们认为行贾也可习儒，儒可贾，贾可仕，仕可不失贾业。

明清山西商人讲究见利思义，不发不义之财，信奉"仁中取利真君子，义内求财大丈夫"。在义利相通观的影响下，先义后利，以义制利，成为晋商经营的哲学基础。清代著名的山西介休商人范永斗，就是由于"与辽左通货财，久著信义"而受到清政府的垂青，后来当上皇商，并由此获得厚利。山西会馆中崇祀关羽，不仅是因为关羽是山西同乡，更重要的是因为关羽以义气为重，因此被晋商奉为义利观的精神偶象。

中国古代培养人才之道是"修身、正己、齐家、治国、平天下"，认为"知所以修身，则知所以治人，知所以治人，则知所以治天下国家矣"，这就是说，修身正己，是使人能够治国、安天下的基本素质要求。明清山西商人在人文思想的影响下，很重视修身正己。晋商还很重视勤劳节俭，他们认为勤俭才能致富，致富必须勤俭，勤俭是经商之本。

2.独特的晋商精神

清人纪晓岚说："山西人多商于外，十余岁辄从人学贸易，俟蓄积有资，始归纳妇。"就是说，事业不成，连妻子也不娶。可见山西人是把经商作为大事业，力图通过经商来实现其创家立业、光宗耀祖的抱负，这种观念正是其在商业上不断进取的精神力量。

晋商钱业文物

晋商不畏艰辛,敢于冒风险。他们拉着骆驼,千里走沙漠,冒风雪,北走蒙藏边疆,横波万里浪,东渡东瀛,南达南洋。清代,晋商开辟了一条以山西、河北为枢纽,北越长城,贯穿蒙古戈壁大沙漠,到库伦,再至恰克图,进而深入俄境西伯利亚,直至欧洲腹地彼得堡、莫斯科的国际商路,这是继我国古代丝绸之路之后兴起的又一条陆上国际商路。

经商犹如打仗,险象环生是常事。晋商不仅要经历天气、环境之险,而且还常常遇到被盗贼抢掠及至丧失生命之险。晋商在包头经商,杀虎口是必经之路。有民谣称:"杀虎口,杀虎口,没有钱财难过口,不是丢钱财,就是刀砍头,过了虎口

三晋茶具

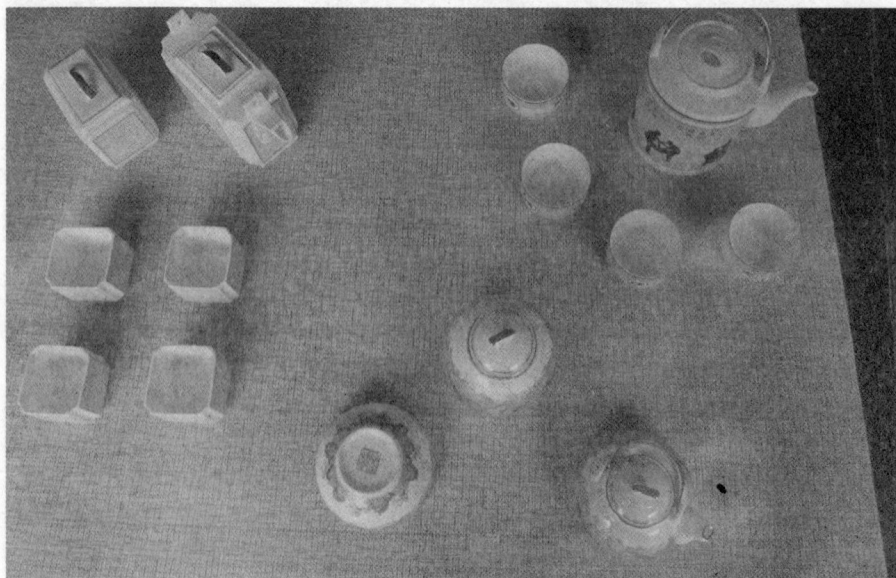

还心抖。"但是晋商并未因此退缩,而是人越去越多,势如潮涌。为了适应不安定的社会,一些山西商人自己练就了一身武功。

晋商认为,诚信不欺是经商长久取胜的基本因素,所以把商业信誉看得高于一切。他们认为经商虽以营利为目的,但凡事又应以道德信义为标准。销售商品,绝不缺斤短两。如发现货质低劣,宁肯赔钱,也绝不抛售。他们深知,只有讲信用,不欺不诈,人们才乐与他们交易。晋商总结出了许多有关诚信经商的言语,如:"宁叫赔折腰,不让客吃亏""买卖

李鸿章所题"仁周义溥"牌匾

不成仁义在""售货无诀窍,信誉第一条""秤平、斗满、尺满足"。

清末,乔家的复盛油坊曾从包头运大批胡麻油往山西销售,经手伙计为图暴利,在油中掺假,被掌柜发觉后,立即另行换售,代以纯净无假好油。商号虽然蒙受一些损失,但信誉昭著,生意越发兴盛。

又如祁县大德通票号,其存款户以山西本省最多,放款却多在外省。1930年蒋、阎、冯中原大战后,晋钞大幅度贬值,约25元晋钞才能兑换1元新币。大德通如果对存款户以晋钞付出,票号可以趁晋钞贬值之机大发横财。但大德通

山西晋商大院

票号为了不让存款户吃晋钞贬值之亏，不惜动用历年公积金，使票号信誉益著。

山西商人在经营活动中很重视发挥群体力量。他们以会馆和崇奉关圣的方式，增强相互间的了解，用宗法社会的乡里之谊彼此团结在一起，通过讲义气、讲相与、讲帮靠，协调商号间的关系，消除人际间的不和，形成了大大小小的商帮群体。

3.精明的生意理念

祁县乔氏在包头开的"复"字商号，做生意不图非法之利，坚持薄利多销，所售米面从不缺斤短两，不掺假图利。于是，包头市民都愿意购买"复"字商号的

泛黄的纸张上记载了晋商的发展历史

米面，生意越做越红火，收到了薄利多销、加快资金周转的效果。

晋商有谚语称："买卖赔与赚，行情占一半。"他们非常重视通过各种渠道了解市场信息、各地物资余缺等影响经营的因素。当各地商号了解到市场信息后，便通过书函等形式，及时汇报总号，所以总号与分号之间一般是三日一信，五日一函，能够及时掌握各地的政治、军事、工农业生产、市场以及政界人事变动等信息。

数学、地理、交通与商人的经商活动有着密切关系，因此明清晋商很注重科技的实际应用。明代晋商王文素，早年随父亲到河北饶阳经商，自幼涉猎书史诸子百家，尤其擅长算法，著有优秀的应用数学之作《新集通证古今算学宝鉴》，其内容之丰富、科学性之强，胜过明代钱塘吴敬《九章算比类大全》、安徽休宁程大位《直指算法统宗》。晋商还在清代江苏王氏所著《生意世事初阶》基础上，编著了《贸易须知》，对培养学徒和坐贾经商等方面的经验进行了系统总结，是一部内容十分丰富的经商著作。

4.严格的制度保障

晋商在商号经理的聘用方面，用人

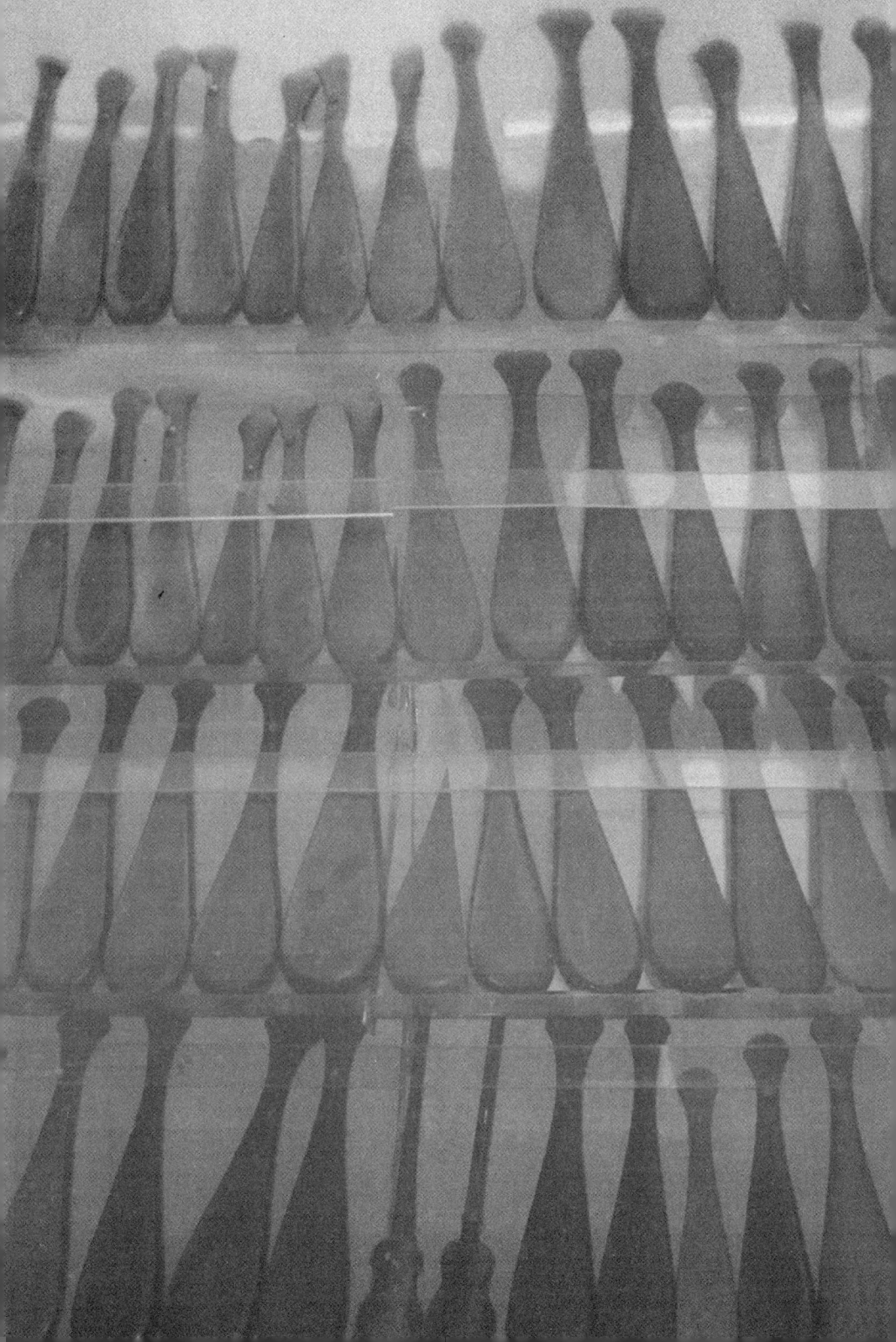

唯贤,唯才是举。山西票号经理李宏龄曾说:"得人者兴,失人者衰;认真察看则得人,不认真察看则不得人。"在这方面,晋商总结出了一套经验,形成了经理负责制。经理聘用之前,先由财东对此人进行严格的考察,若确认其人有所作为,多谋善变,德才兼备,可以担当经理之重任,便以重礼招聘,委以全权,将资本、人事全权委托经理负责,一切经营活动并不干预,日常盈亏平时也不过问,让其大胆放手经营,静候年终决算报告,恪守用人不疑、疑人不用之道。

不但经理的选用一丝不苟,晋商对

乔家大院被誉为"北方民居建筑的一颗明珠"

店员、学徒的录用也十分严格，慎之又慎。首先，学徒年龄必须在15到20岁之间，身高五尺，五官端正，仪态大方，家世清白，懂礼貌，精楷书，善珠算，能吃苦，不怕远行。学徒入号，须有人担保。入号前，还要当面测试其智力，试其文字。

进号称"请进"，表示人才请入，前途不可望。入号后，总号派年资较深的店员任教师，对学徒进行培养。培训内容包括两个方面：一方面是业务技术，包括珠算、习字、抄录信稿、记账、写信等，学习蒙、满、俄语，了解商品性能，熟记银两成色；另一方面是职业道德训练，如重信

乔家大院室内的摆设向人们娓娓道来当年的故事

义、除虚伪、节情欲、敦品行、贵忠诚、鄙利己、奉博爱、薄嫉恨、幸辛苦、戒奢华等。

山西商人的习商谚语充分说明了其对学徒要求之严："十年寒窗考状元，十年学商倍加难""忙时心不乱，闲时心不散""快在柜前，忙在柜台""人有站相，货有摆样"。在山西商人中还流传着这样的学徒工作规矩："黎明即起，侍奉掌柜；五壶四把，终日伴随；一丝不苟，谨小慎微；顾客上门，礼貌相待；不分童叟，不看衣服；察言观色，唯恐得罪；精于业务，体会精髓；算盘口诀，必须熟练；有客实践，无

乔家大院在中堂

客默诵;学以致用,口无怨言;每岁终了,经得考验;最所担心,铺盖之卷;一旦学成,身股入柜;已有奔头,双亲得慰。"由于学徒制执行很严格,晋商培育了不少人才,并逐渐成为晋商的骨干力量。

晋商有谚称:"家有家法,铺有铺规。"晋商号规极严,从经理到伙计、学徒,均须遵守。其内容包括各分号与总号之间的关系、业务经营原则、对工作人员的要求等。以休假制为例,一般规定号内职工从掌柜起,均为三年回家探亲一次,住家半年,往返旅杂费由号中供给。如遇婚丧等事,视情况予以补贴。号内包括掌

乔家大院卧房

柜在内，一律不准携带家眷。以下是光绪十年（1884年）大德通票号号规的部分内容，从中可以窥见晋商号规之严格：

（1）在各分号互相之间，规定虽以结账盈亏定功过，但也要具体分析，如果本处获利，别的分号未受其害者，可以为功；如果只顾本处获利，不顾其他分号利益，甚至造成损害者，则另当别论。

（2）在业务经营上，规定买空卖空，大干号禁，倘有犯者，立刻出号。强调生意之中，以通有无、权贵贱为经营方针。

（3）对于工作人员，规定凡分号经理，务须尽心号事，不得懈怠偷安，恣意奢华;凡一般工作人员,强调和衷为贵,职务高者,对下要宽容爱护,慎勿偏袒;职务低者,也应体量自重,不得放肆。

(4)严禁陋习。规定不论何人,吃食鸦片,均干号禁。前已染此弊者,责令悔改,今后再有犯其病者,依号规分别处理。各分号难免有赌钱之风,今后不管平时过节,铺里铺外,老少人等,一概不准,犯者出号。游猎戏局者,虽是偶蹈覆辙,亦须及早结出,刻不容缓,严行禁之。

(五) 晋商衰落原因

从外部大环境来看,外国资本主义

乔家大院一角

的侵略、封建政府的腐败、内忧外患和近代交通发展后贸易路线的改变导致了晋商的衰落。

从晋商自身来看，其衰落原因主要有四：第一，明初晋商因明朝统治者为北方边镇筹集军饷而崛起，入清后又充当皇商而获得商业特权，后又因为清政府代垫和汇兑军协饷等而执金融界牛耳。总而言之，明清晋商始终靠结托封建政府，为封建政府服务而兴盛。当封建政府走向衰亡时，山西商人也必然祸及自身。第二，以末致富、以本守之的传统观念束

乔家大院一景

乔家大院一景

缚了晋商的发展。明代已有大量晋商资本流向土地，入清后，晋商购置土地者更是普遍。有民谣称："山西人大褡套，发财还家盖房置地养老少。"所谓"大褡套"，是指形同裤子的布套，也可搭在牲口背上供人骑坐。这句民谣反映了晋商外出经商致富后，回到老家盖房、置地、养老少的传统观念，这一传统观念是不利于商业资本向近代资本发展的。第三，有些晋商墨守成规，思想保守。随着外国资本主义的侵入，旧有的商业模式被打破，只有加快改革，适应潮流，才能求得自身发展。但是晋商中一些有势力的财东和总经理思想顽固，墨守成规，失去了票号改

明 长 城 九 边 重 镇 示 意 图

The nine military area commands for border defense in the early Ming Dynasty

到了明代,晋商商人已在全国闻名

革的机会。第四,近代企业的投资见效周期过长。20 世纪初,晋商中一些有识之士投资民族资本近代工业,但受当时保矿运动的影响,其资本主要投入了煤矿业,而没有投入到投资少、周转快、利润高的棉纺、面粉、卷烟等轻纺工业,导致资金大量积压,最终陷入困境。

(六) 晋商对中国经济的贡献

晋商首先创造了民间汇兑业务、转账和清算中心,创造了类似中央银行的同业公会,最先打入国际金融市场,展示了山西商人的精明能干、富有创造力和敢于向新领域开拓的风姿。

随着晋商资本的发展,白银源源不

断地流回家乡，促进了山西手工业的发展，也促进了全国商品物资的交流，加快了中国自然经济解体和商品经济发展的进程。

晋商重视智力投资，积极举办商人职业教育。早在元代，运城盐池就设有盐商子弟学校，叫做"运城盐运使司学"。清代，包头城也有山西商人自办的子弟学校。驰名中外的旅蒙商"大盛魁"商号，在科布多设有本企业的训练机构，从晋中招收十五六岁的男青年，骑骆驼经过归化、库伦到科布多接受蒙语、俄语、哈萨克语、维吾尔语及商业常识的训练，然后

明九边各镇盐引所对盐场分布图

从孔宅格局不难窥见作为当年一方大户的豪气

分配到各分号,跟随老职工学习业务。对提高职工业务素质的重视,现在来看,也是很有远见卓识的。

晋商资本一般都不是财东直接从事经营活动,而是由财东委托一个自己充分信赖的、精明能干的人当掌柜,从事经营活动,即经理负责制。这种制度实现了资本所有权与经营权的分离,把职工的利益和企业的利益结合在一起,使经营者不敢懈怠工作,促进了管理人才的出现,提高了经营效益,在中国企业史上具有积极意义。

二　山西票号兴衰

山西票号，又称汇兑庄或票庄，是一种金融信用机构。最初主要承揽汇兑业务，后来也进行存放款等业务。

(一) 山西票号的兴起

关于票号的起源有几种说法，最常见的说法是：道光初年，雷履泰把日升昌颜料铺改成票号，总号在平遥城西大街路南，分号在北京崇文门外草厂十条南口，成为山西第一家票号。票号是随着中国的半殖民地化而发展起来的，主要是源于社会经济发展、商品流通扩大、交通发达、国内外汇兑的客观需要。票号办理汇兑、存放款，解决了运送现银的困难，

明代晋商活动区域图

加速了资金周转，促进了商业繁荣。

那么，票号何以由晋商首创呢？其一，晋商资本积累比较雄厚。早在乾隆时，山西商人资本"百十万家资者，不一而足"。其二，晋商经营活动的需要。山西商帮多数从事长途贩运，商品流转和资本周转慢，垫支资本大，在资本不足的情况下，就需要借贷。其三，晋商的商号之间资金调拨和结算的需要。晋商商号遍布全国各地，形成了一定规模的商业网络。而各地商号的盈利，均须解回山西总号，统一结账分红，同时总号与分号之间，也要进行逆向资金调拨。票号产生以前，均采用由镖行保镖运现银形式。但是乾嘉以来，社会极不安定，保镖运现极不安全。为了解决运现银问题，以汇兑形式出现的山西票号就产生了。

日升昌票号

(二) 山西票号的发展

日升昌票号成立后，营业繁荣，业务发展迅速，到道光三十年(1850年)已在北京、苏州、扬州、重庆、三原、开封、广州、汉口、常德、南昌、西安、长沙、成都、清江浦、济南、张家口、天津、河口等十八个城镇建立了分号，到光绪十二年(1886年)，又陆续在沙市、上海、杭州、湘潭、桂林五城镇增设五个分号。

在日升昌票号的带动下，山西商人纷纷效仿，投资票号。长江各埠的茶庄、典当、绸缎、丝布业，以及京津一带皮毛杂货业的晋商，群起仿办，往往在本号附设票庄。

除在国内设立票号外，晋商还在国外如朝鲜新义州、韩国仁川和日本大阪、神户、横滨、东京等地设立了票号。

(三) 山西票号的衰落

19 世纪 70 年代，由于外商压价，丝茶业产生危机，多家商号商行因为经营不善倒闭，往往连带将放款给它们的票号也一并拖垮，晋商在苏州、汉口的票号

平遥古城是当时金融业最为发达的城市之一

倒账数十万。"倒账"，意味亏损或亏空，一旦发生挤兑，就必然会因放款收不回来而倒闭。20世纪初，以生产和出口豆油为主的营口"东盛和"五联号商行倒闭，之后，又发生了上海的橡皮股票风潮。在这次风潮中，"源丰润""义善源"票号相继倒闭，亏欠公私款项数百万，又一次引起票号业的信用危机。

清政府成立的户部银行，也成为票号强大的竞争对手。清末前，虽有中国通商银行、浙江兴业、四明等十几家商业银行，对山西票号都产生了竞争，但真正对票号构成威胁的，则是官商合办的户部银行、交通银行和一些省办的银钱行号。

因为户部银行具有代理国库、收存官款的职能和雄厚的资本，能够左右市场。过去由票号收存和承汇的官款业务，几乎全部被户部银行包揽而去。对银行业而言，除自有资本外，它发展的规模主要决定于存款开展状况。存款多，放款就多；放款多，收入利息多，除支付存款利息外，利润就多。由于金融利润大多归于户部银行，票号所赚利润日益减少。

"船漏偏遇顶头风"，辛亥革命中，许多商业都市，如汉口、成都、西安、太原、北京、天津等都发生了战争，工商业和银钱行号都不可避免地遭受到损失。战争和革命所带来的经济危机和政治风波，

平遥古城较为完好地保存了明清时期县城的基本风貌

山西大院外景

晋商所使用的天平秤

使许多票号开始倒闭。山西二十二家票号中，除大德通、大德恒、三晋源、大盛川等四家票号因资本实力雄厚，拿出大量现款应付挤兑风潮，信用未失，继续营业外，日升昌等十多家票号都因无力应付挤兑风潮而相继倒闭。大德通、大德恒、三晋源、大盛川四家票号又延续了二三十年，最终还是逃不掉倒闭的命运。从"富甲天下"到没落消亡，山西票号在历史舞台上终于演完了这场金融悲喜剧。

三　晋商名门

乔家大院一角

（一）乔家大院的主人

1.乔家始祖乔贵发

乔贵发祖居祁县乔家堡，父母双亡，乾隆初年，与秦姓结为异姓兄弟，一起走西口，在包头的一个当铺当店员。十余年后，乔贵发和秦姓同乡开了一个小字号——广盛公。后来生意不景气，广盛公面临破产。但广盛公的许多生意伙伴认为广盛公的东家为人不错，不忍看他们破产，相约三年后再来收欠账。三年后，乔贵发不但还清了欠款，生意还重新复兴，于是把广盛公改名为复盛公，业务仍以经营油粮米面为主，后又兼营酒、衣服、钱铺，买卖日益兴隆。

2.亮财主乔致庸

乔致庸是乔贵发的孙辈，人称"亮财主"。乔致庸人如其名，待人随和，处世中庸。在他执掌家业时，资产越滚越多，是乔家殷实家财的奠基人。在他手上，乔家的事业突飞猛进，有了很大的发展。起初是"复字号"称雄于包头，接着有大德通、大德恒两大票号活跃于全国各大商埠及水陆码头。当时乔家的财势已跻身于全省富户前列，家资千万，商业遍布全国。

乔致庸有六个儿子和十一个孙子，可谓人丁兴旺、四世同堂。在理家方面，

他经常告诫儿孙：经商处事要以"信"为重，以信誉得人；其次是"义"，不哄人，不骗人，该得一分得一分，不挣昧心钱；第三才是利，不能把利摆在首位。乔致庸还把他亲拟的对联挂在内宅门上："求名求利莫求人，须求己；惜农惜食非惜财，缘惜福。"以此告诫儿孙，要节俭，不能贪图安逸，坐享祖业。

他对他的儿子进行了排队分析，认为长子骄横跋扈，不可委以重任；次子个性暴烈；三子过于老实，非经济之才；四号朴实迟钝，不善言谈；五子是个书呆子；六子体质瘦弱，难担大业，故六个儿

乔家大院内悬挂的灯笼

子没有一个是他理想的继承人。只有长孙乔映霞忠诚厚道,聪明伶俐,因此,他对映霞寄予厚望,教诲亦多。

他为了光大门庭,大兴土木,从同治初年开始,先在老院西侧隔小巷购买了不少房基地皮,修了一座里五外三的楼院。而且两楼对峙,主楼是悬山顶露明柱结构,通天栿门,有阳台走廊。登上阳台,可观全院。明楼竣工后,他又在两楼院隔街相望的地方陆续兴建了两个横五竖五的四合斗院。四座院落正好位于街巷交叉的四角,为后来连成一体奠定了基础。在他手里建筑的房屋占到现在整个乔家大院的三分之二。

1907 年辞世时，乔致庸已年届九十。从一介儒生到晋商翘楚，历经嘉庆、道光、咸丰、同治、光绪五个皇帝，乔致庸的人生可谓浓缩着山西商人的传奇。

3.慈悲商人乔景俨

乔景俨是乔致庸的三儿子，在乔致庸晚年时当家。他深得其父处世之道的薰陶，有长者风度，办事谨小慎微，主持家业绰然有余；但让其经营商业，胆识显然不足。

他一生无大作为，但是为人善良，多行公益，为乔家堡村捐资并主持挖了一条水渠，可浇灌田地千余亩。在这以前，每年夏季天旱无雨，只能眼看着庄稼枯

乔家大院一景

死。有时可用河水灌溉，但往往你抢我夺，无章无序，浇不成地。

乔景俨懂医术，经常为人免费诊治，施舍药物，他所经手诊治的患者大都是穷人，因而很受乡人敬重。他认为，把钱用来施舍药物，比用来抽大烟强得多。

光绪中期，地方治安不平静，为了保护"在中堂"的安危，他决计修建全封闭的城堡式大院，为此费了很多周折，花了许多银两，买了街巷的占用权。买下占用权后，又把巷堵了，小巷建成西北和西南院的侧院。街口堵了，东面修建大门，西面起建祠堂，北面两楼院外扩建为两个外跨院，新建两个虎廊大门。跨院之间有

廊相通，并通过大门顶的"过桥"，连接南北院，形成了城堡式的建筑群。

4.敢作敢为乔映霞

乔映霞为景仪所生，在同辈兄弟中排行老大。他为人精明强干，敢作敢为，思想激进。少年时期，正值康、梁变法维新，他对此十分崇拜。他还信奉天主教，仰慕西方文明。民国以后，乔映霞对孙中

山先生领导的资产阶级民主革命更是拥护，并加入了同盟会。他在祁县积极倡导兴办教育，破除迷信，剪辫子、放足，且身体力行，亲自率人在乔家堡村把庙宇改为学堂。1913年农历五月十三日城内赶庙会，他拉着狼狗，见人就剪辫子。有的人编了顺口溜嘲笑他，如："成义子，削了头发剪辫子，穿得洋袄儿洋裤子，脖子上扎得腿带子，裤子裆里缀扣子，尿尿不用解裤子……"

民国初年，乔家开始由他当家。他治家严格，兄弟成家后均让其另立门户，独立为生。他不甘乔家大业在他手中破落，因此力图振兴，以维护大家族的统一和完整，事事按祖父的遗训行事。有一次，他在饭桌上对其九弟映庚说："听说你武功颇高，你能用四个指头把这双筷子折断么？"九弟说："这有何难？"不费吹灰之力就把筷子折成了两截。映霞连声称赞，又把兄弟们的筷子都收起来，又让九弟用两手折，这下兄弟们都明白了，这是让他们抱成一团，拧成一股劲，于是都低头不语。映霞说："大家都明白了这个道理，我很高兴！希望以后要同心同德，互相勉励，永记此事！"

乔映霞掌家时，他对其所属商号进

晋商走过了一段不平凡的岁月，经受了历史的洗礼

清政府赐给乔映奎的"身备六行"匾额

行了大力整顿，使乔家的生意有了一个大飞跃。他还对西北院进行了改进，在和老院相通的跨院敞廊处，堵了墙壁，占用了原来的厨房，建成客厅，并按异国风情加以改造装修。他还在客厅旁修建了浴室，随时可进去洗澡。又把旧厕所改建成"洋茅子"，在传统的中国式建筑中融入了西方气息，别有一番韵味。

5.末代掌家乔映奎

乔映奎身材魁伟，仪表堂堂，个性开

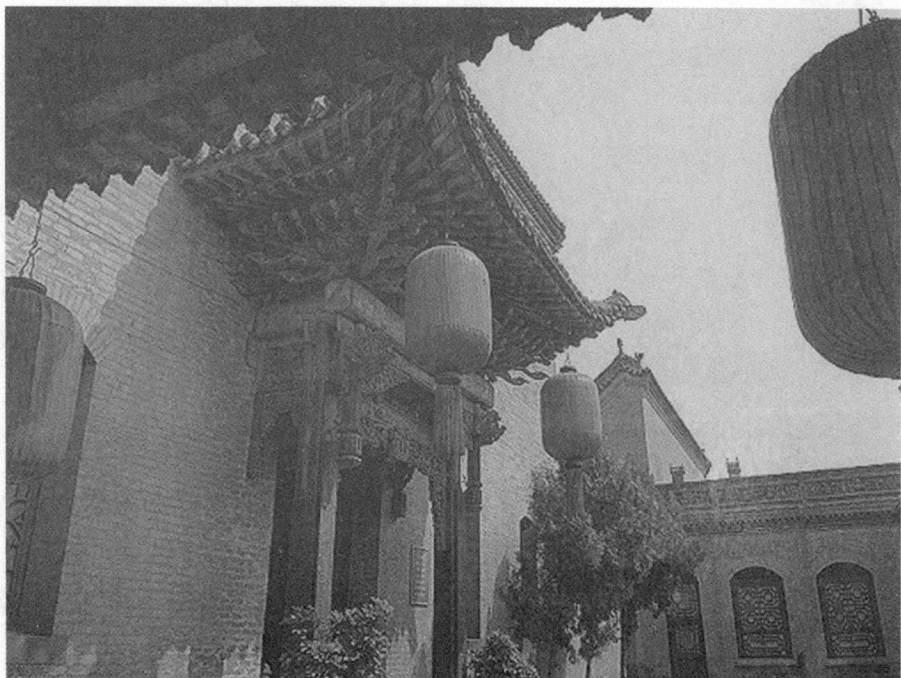

朗，是民国时期乔家的掌家人。在他执掌家务时，乔家人口日渐增多，住房显得紧张，于是他继续购买地皮，向西延伸。到1921年，在紧靠西南院的地方建起新房，就是现在的新院。"新院"的窗户式样有了改观，同时注重采光，全部安装大格子玻璃，室内光照充沛，窗户上的装饰仿照了西洋式，美观大方，别具一格。

6.乔家子弟

乔家子弟恪守祖训，定有家规，不准嫖赌，不准纳妾，不准酗酒。乔家对子弟读书也十分重视，要求甚严。他们聘私塾教师一定要聘学问大的，在接待上尤为礼遇。乔家聘请本县名儒刘奋熙,对其尊敬异常,以致不敢对刘提报酬,只是暗中对刘家给予多方资助。乔家对教师逢节日有例敬,专配有两名书童陪伺,吃饭时由家长作陪,遇有家宴或送请宾朋,教师一定是首席相待,教师回家时,必备轿车接送,家长率子弟恭立甬道送迎。乔氏如此尊重教师,其目的是在子弟中树立教师的威望,使子弟对教师有崇敬之心,有利于教师秉权执教,以约束骄横的小少爷;同时也使教师有所感戴,能不遗余力地施教。重教之风使乔家培育出了许多人才,其后代子弟有不少人进入高等学

孔祥熙故居

府,成为科学家、教授和爱国军人等。

孔宅现存建筑基本完好,东花园面目犹存

(二) 豪门国戚孔祥熙

自称是孔子的第七十五代裔孙的孔祥熙,出生于山西太谷一个没落的商人家庭。孔家祖籍山东曲阜,明代万历年间,其先祖孔宏用到山西做官,后人便落籍山西,经商谋生。到孔祥熙的祖父孔庆鲜时,因接掌堂叔孔宪仁所经营的票号,日渐富有。孔祥熙的父亲孔繁慈是个贡生,曾在票号担任文案,因吸食鸦片,家境逐渐衰落。

孔祥熙5岁时由母亲庞氏启蒙教读,7岁时母亲去世,其父到太谷城西张村设私塾授课,他随父读书,从而打下国

山西商人经商的地域之广，人数之多，确实是相当可观的

学基础。1901年秋，孔祥熙在麦美德教士护送下赴美国俄亥俄州欧伯林大学读书，起初主修理化，后来改修社会科学。1905年考入耶鲁大学研究院，研习矿物学。1907年从耶鲁毕业，获得理化硕士学位。他对未来的抱负是："提倡教育，振兴实业。"

1907年秋，孔祥熙回到北京，致力创办铭贤学堂，在提倡新式教育、培养人才方面取得了一定的成绩，但他并未忘记对"振兴实业"的追求。1912年，他观察到，煤油已成为居民夜间燃灯照明的必需品，经营煤油有大利可图，于是同五

孔祥熙宅院

叔孔繁杏设立祥记公司合伙，向英商亚
细亚火油公司交付一笔为数可观的保证
金，取得了亚细亚壳牌火油在山西全省
的总代理权。这一独家经营给孔家带来
了可观的利润，孔祥熙也成为了买办商
人。

"二次革命"失败后，国内政治形势
恶化，孔祥熙东渡日本，担任东京中华留
日基督教青年会总干事，帮助孙中山处
理文书函电。当时，宋霭龄是孙中山的英
文秘书，孔、宋接触较多，彼此感情日增。
宋霭龄称赞孔祥熙为人谦和，"赚钱赚得
很得法"，"似乎天生有一种理财的本

领"。由于双方情投意合，1914年春，孔祥熙和宋霭龄在横滨结婚，后来成为中国历史上最有影响力的家庭之一。关于宋霭龄婚后随孔祥熙第一次回乡省亲的经历，美国传记作家罗比·尤恩森有过这样的描述："据她所知，那里的生活是艰苦的、原始的。"但事实证明，宋霭龄完全想错了。当她坐在由十六个农民抬着的轿子上，进入孔祥熙的故乡山西省太谷县时，惊异地发现了一种前所未见的奢侈生活。罗比·尤恩森在宋霭龄的传记中写道："仅在这个院子中服侍宋霭龄的佣

清代晋商使用过的算盘

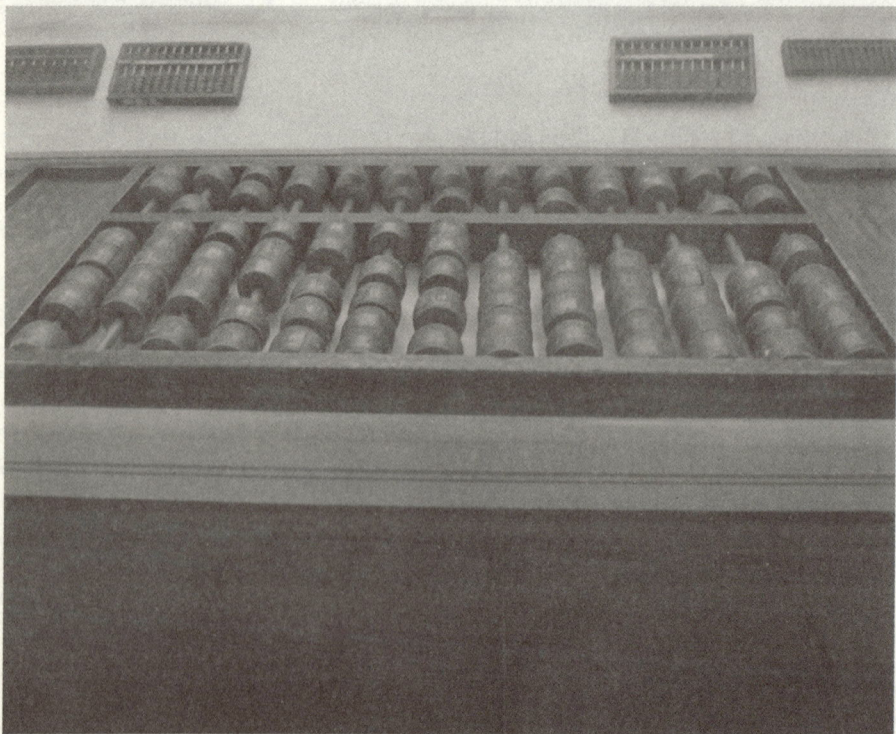

日升昌票号

人仆役就有七十多人。"这样的事并不仅仅发生在孔祥熙的家族之中，这座县城中许多商人家族都过着同样的日子。

（三）第一票号日升昌

清代道光四年(1824年)，中国第一家现代银行的雏形——"日升昌"票号在平遥诞生，并在很多省份先后设立分支机构。19世纪40年代，它的业务进一步扩展到日本、新加坡等国家。日升昌票号的前身是西裕成颜料庄，总庄设在平遥。由于地处偏僻，日升昌被余秋雨先生形象地称为中国各式银行的"乡下祖父"。

日升昌票号

清代嘉庆末年，随着社会商品货币经济的发展，埠际间货币流通量大增，而过去的运银方式很不安全，不能适应新形势的需要，西裕成颜料庄首先在京、晋间试行汇兑办法，效果很好，便开始兼营汇兑业。道光初年，西裕成颜料庄正式更名为日升昌票号，专营汇兑，成为中国第一家做这种生意的商号。在它开张之前，老百姓出门办事，无论是经商还是投亲访友，都得背着沉甸甸的银子上路，既不方便又不安全。有了日升昌这样的商号，大大方便了人们的出行，登门做生意的人自然就多，日升昌的买卖也就越来越红火。从道光到同治年间五十余年的时间内，财东李氏从日升昌票号分红银两达 200 万以上。

1824 年，"日升昌"在太原设立分号。省城分号的业务，主要是汇票。制作和书写汇票，对保密性的要求极为严格，绝不允许有任何差错。"日升昌"太原票号引进了当时世界上最先进的印刷技术，采用"水印"法印刷，并在关键部位加盖戳印。

晋商前往江南、西北、东北及国境边贸进行交易时，汇票由"日升昌"太原票庄的专职人员用毛笔书写汇票内容，其

日升昌是中国第一家现代银行的雏形

平遥古城民居一角

笔迹同时通报"日升昌"遍布全国的 51 家大小票号。书写汇票时,使用以汉字代表数字的密码法,并且定期改换,以防泄密。留存在中国历史博物馆的"日升昌"太原票号的一份防假密押是:"谨防假票冒取,勿忘细视书章",表示 1 至 12 个月;"堪笑世情薄,天道最公平。昧心图自私,阴谋害他人。善恶终有报,到头必分明",表示 1 至 30 天;"坐客多察看,斟酌而后行",表示银两的 1 至 10;"国宝流通",表示万千百两。例如票号在 5 月 18

平遥古城是当时最有影响的票号总部所在地

平遥古城里满载悠悠的历史往事

日给某省票号分号汇银5000两，其暗号代码为"冒害看宝通"。外人是无法解密这些密押的。在"日升昌"太原票号的经营史上，从未发生过款项被人冒领之事，充分体现了"日升昌"票号经营者的聪明才智。

然而，由于山西票号与清朝政府的经济相互依存，随着辛亥革命爆发、清政府被推翻，山西票号也就逐渐衰落了。而且，1910年以后，近代银行业逐渐兴起，银行的经营方式比票号先进许多，且以外国资本为后盾，中国土生土长的票号

平遥德昇源

难敌外国的洋币外钞，经历了一百年历史的票号最终走向了末路。

（四）百年老店六必居

六必居是山西临汾西社村人赵存仁、赵存义、赵存礼兄弟开办的小店铺，专卖柴米油盐。俗话说："开门七件事：柴、米、油、盐、酱、醋、茶。"这七件事是人们日常生活必不可少的。赵氏兄弟的小店铺，因为不卖茶，就起名六必居。

六必居自产自销的酱菜，因加工技艺精湛、色泽鲜亮、脆嫩清香、酱味浓郁、

品种繁多的六必居酱菜

咸甜适度，被选作清代宫廷御品。为送货方便，清朝宫廷还赐给六必居一顶红缨帽和一件黄马褂。

六必居的酱菜之所以出名，是与它选料精细、制作严格分不开的。六必居制作酱菜，有一套严格的操作规程，一切规程均由掌作一人总负责。以酱的制作为例：先把豆子泡透蒸了，拌上白面，在碾子上压，再放到模子里，垫上布用脚踩10—15天，然后拉成三条，剁成块，放到架子上码好，用席子封严，让其发酵。在发酵后期，还要不断用刷子刷去酱料上的白毛。经过21天，酱料才能发好。正是这种严格的操作规程，保证了六必居酱菜的质量。

六必居还规定，店内不用三爷(即少爷、姑爷和舅爷)，前店柜台人多是山西临汾、襄汾县人。由于六必居经营有方，酱菜制作保证质量，特别重视商品的社会信誉，因而饱经沧桑，历久不衰，享有很高的信誉。

（五）惊天动地大盛魁

大盛魁是清代晋商开办的最大的对蒙贸易的商号。大盛魁到底有多大呢？据史书记载，他们所经营的铺面，遍布蒙

大盛魁旧址

古、哈萨克、俄罗斯。他们所经营的商品，"上至绸缎，下至葱蒜"。在鼎盛时期，大盛魁的雇员达七千多人，养有两万峰骆驼，并号称其资产可用五十两重的银元宝，铺一条从库伦到北京的道路。

然而，大盛魁的创办人并不是什么大商富户，而是三个小贩。康熙时期，清政府在平定准噶尔部噶尔丹的叛乱中，由于军队深入漠北，"其地不毛，间或无水，至瀚海等砂碛地方，运粮尤苦"，于是准许商人随军贸易。在随军贸易的商人中，有三个肩挑小贩，就是山西太谷县的王相卿和祁县的史大学、张杰。他们虽然资本少，业务不大，但买卖公道，服务周到，生意十分兴隆。清兵击溃噶尔丹军后，三人便在杀虎口开了个商号，称吉盛堂。康熙末年，改名为大盛魁。

在当时的归化城，最壮观的景象就是送大盛魁的驼队上路。领队掌柜骑马走在最前面，其威风不逊于出征的大将。后面骆驼紧紧相随，三千条护驼狗吠声一片。千担货物之外，还驮着账房、炊具、食物等途中生活用品。驼队规模浩大，组织极为严密。掌柜的是总领，他要保证一路上人畜平安，不出意外。到了目的地，所有买卖都由他来定夺和决断。协助他

古老斑驳的城墙

古老的建筑历经沧桑

的是"大先生",负责盘点货物,记清账目。其余人等,一路上均各有分工,各负其责,不能有丝毫疏忽与懈怠。

清末,随着沙俄在我国蒙古、新疆和东北地区的侵略活动不断扩大,大盛魁的营业深受影响,日见萧条。后来,俄国革命成功,外蒙古独立,大盛魁又丧失了这两个地方的商业市场。加之大盛魁商号后期用人不当,一些掌柜浪费惊人,侵吞号款事件屡有发生。1929年,雄踞塞北二百余年的大盛魁商号终于宣告倒闭,结束了它辉煌的历史。

四　晋商地理图谱

山西会馆

（一）寻访山西会馆

会馆，是离开故土、寄寓异乡的经商者们建立的一种同乡性的行会组织。明清时期，凡商贸繁华处必有晋商，有晋商居处必有会馆。

从明中叶开始，遍布全国的晋商会馆数以百计。有的会馆遗存保留完好，成为当地的重要文物和人文景观，有的仅留下一些断碑残铭，有的则早已踪迹难觅。目前全国遗存的晋商会馆不超过30座。时过境迁，各地幸存下来的晋商会馆，已然成为晋商文化符号中的历史残片，百多年前浓浓的梆子之腔、郁郁的乡党之谊如今都只是少数人的记忆，那些宏大精美的建筑也已成为当地的名胜古迹、文保单位。

1.北京山西会馆

明清以来，京城繁华自不待言，各地官员、举子、商人云集于此，出于本乡本土的互助情怀，会馆在这一时期兴盛起来。会馆建立最初目的是为了解决本乡的举子在京的食宿问题。永乐十三年（1415年），科举考试地点迁到北京，一些赶考的人落榜后要在京复习，准备3年后的考试，但京城出租的民房价格较高，家境贫寒的人无力负担，同乡和旅京的

阳平会馆戏楼

客商就合力购买荒地或官宦私宅修改成文人试馆。

京城很多的老字号创自山西人之手，他们与会馆之间也有许多故事。"都一处"烧麦名扬京城，据传曾在除夕夜接待了微服私访的乾隆，并得到了御笔亲题的"都一处"。它的创始人王瑞福是山西浮山县北井村人，清初从家乡骑毛驴、搭脚车到了京城，投宿到前门外鹞儿胡同浮山会馆。据说，他是在会馆后院西厢房土炕上得到一位同乡算命先生的启示，到前门大街鲜鱼口南开酒铺，逐渐创下了名动京城的老字号。

北京现存山西会馆中，最有名的无

山西河曲风光

老字号都一处

很多晋商会馆如今已成为国家的文物保护单位

疑是阳平会馆戏楼，这座戏楼位于崇文区前门外小江胡同。它与正乙祠、湖广会馆、安徽会馆戏楼并称为"四大戏楼"，1984年被列为北京市保护文物。

除了阳平会馆，想在北京再找一家山西会馆就要到郊外了。门头沟永定河东岸的三家店村，虽然距北京市区较远，但据说当时村里有上百家商户，且多为山西人。

东街与中街的交接处，路南的三家店小学曾是一座山西会馆，坐南朝北，有正殿六间，前三间为卷棚顶，后三间为正脊吻兽式，据传是乾隆年间主管琉璃烧造的皇商所建，才敢用黄琉璃瓦覆顶。

2.徐州山西会馆

在江苏省徐州市南郊风景秀丽的云龙山东麓，有一处幽静典雅的古建筑——山西会馆。它与北宋名胜放鹤亭以及建于北魏的苏北第一名禅兴化寺比邻，是新旧数代山西商人在徐州的家。

徐州五省通衢，自古兵家必争之地，也是商家必争之地。尤其是清代，徐州所辖的丰县与直隶省东明县仅100公里的路程，由东明至山西又有陆路可通，精明的山西人自然不会错过徐州。雍正、乾隆时期，山西商人先后在徐州经营过当铺、药材、布匹、棉纱、茶叶等。勤劳智慧又讲求信义的晋商在这里很快挖得了第一桶金,主导了本地的经济命脉。清代徐州的主要商业街区,活跃着许多著名的晋商商号:任大顺、王广盛、晋太、晋和等,其中,赵氏谨丰当铺规模最大,一百余从业者都是山西人。同乡观念极强的山西人为了方便联系和集会,把徐州南郊云龙山东麓业已颓圮的相山神祠扩修为会馆公房,并集资在徐州城南三堡(今属铜山县)购置两顷多地,用农作物收入作为会馆经费。

晋商把相山神祠改为山西会馆后,不再祭祀祠内的水火二神,独尊关公大帝。晋商崇敬自己的这位同乡,把"义薄云天,精忠贯日"的"武圣"关公当做神供奉。各地的山西会馆里最为宏伟的建筑也都是关圣的神殿,信义成了晋商联络乡土感情的精神纽带。

云龙山的山西会馆依山而建,坐西向东,西高东低。沿大门前的石阶拾级而上,仰首可见门上典雅的厦檐和宽敞明亮的过廊。过廊是二层建筑,廊顶及左右共有十余间楼房。经过廊楼再登十余级石阶,气势恢弘的大殿便跃入眼帘。走进关圣殿中,可看见气势威武的关羽像,周

山西会馆

全晋会馆内景

仓扶青龙偃月刀、关平捧大印站立左右。殿廊大柱上的楹联曰："生蒲州长解州战徐州镇荆州万古神州有赫，兄玄德弟翼德擒庞德释孟德千秋至德无双。"寥寥数语概括了悲情英雄叱咤风云的一生。

3.苏州全晋会馆

全晋会馆始建于清乾隆三十年（1765年），由当时旅苏晋商汇兑、办货、印账三帮集资创建，现存于苏州中张家巷，是山西商人在苏州的共同家园。

明清时期，山西商人在江南的经商活动极为活跃。大量的山西商人来到苏州后，人生地不熟，语言交流不便，而且遇到了苏州地区商业竞争越来越激烈的状况。为了巩固自己的商业利益，晋商便开始广泛联络寓苏晋商，共同协商合力对外的策略。而会馆，就是山西商人们交流商情，联络感情的重要场所。

苏州明清时建有两所山西会馆。一处为全晋会馆，另一处是翼城会馆，但此会馆早已被毁。沿着护城河边的仓街往北走二百多米，就是中张家巷口。栅栏里的石碑标明，全晋会馆已被评为全国重点文物保护单位，现在是中国昆曲博物馆。整个会馆现占地六千平方米左右，坐北朝南，分东、中、西三路。中路由头门、戏楼、正殿组成，是会馆迎宾、祭祀、演戏、酬神的场所，建筑是宏伟庄重的庙堂

这些会馆有明显的山西建筑特色

苏州全晋会馆一景

殿宇式样，具有明显的山西建筑特色。

戏楼和正殿遥遥相对，与东西两侧的游廊一起围出了一个大院子。戏楼上的戏台简直是一件完美的艺术品。看戏的人，无论在两侧游廊的哪一层，或是正殿前的院子和平台的哪一角，都能清楚地把戏台一览无余。过去，全晋会馆每遇皇帝诞辰、国家大庆、关公诞辰及忌日，均要举行隆重的庆典或祭祀仪式，鸣钟击鼓，场面宏大。每当经商者生意兴隆、财源广进时，也会举办娱乐活动进行庆祝。中路的古戏台是当时的演出场地，也是会馆古建筑群的精髓所在。

会馆的东西两路则由鸳鸯厅、楠木

古香古色的山西大院

厅、庭园、书房、客房等组成,是客商议事、寄宿、存货用房,与苏州第宅建筑类似。东路共四进,面阔都是三间,依次为门房、厅堂和前后楼,楼房之间以厢房贯通,供短期来苏州联系事务的晋商寄宿存货用,也可以借给在苏州破产失业的晋商。西路建筑庄重朴实,筑有两厅一庵。楠木厅和鸳鸯厅为晋商们交流商情、互相借贷、调剂资金的洽谈场所;万寿庵用于停放故在苏州的晋商的灵柩,每年由山西派专船将灵柩迁回故土。

苏州历史上曾有过二百六十多处会馆公所,但留存至今较为宏大且具代表性的当属全晋会馆。余秋雨说:"在苏州

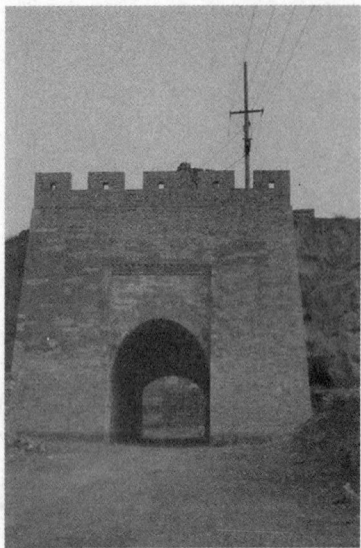
对蒙贸易的必经之路——杀虎口

这样的富庶繁华之地，没想到山西人轻轻松松盖了个会馆就把风光占尽，要找一个南方戏曲演出的最佳舞台作为文物永久保存，找来找去，竟在人家山西人的一个临时俱乐部里找到了。"

（二）再走西口

山西土地贫瘠，自然灾害频繁，清朝三百多年间，山西全省性的灾害达一百多次，平均三年一次，其中最长的一次旱灾长达十一年。一方水土不足以养活一方人，山西人只能走出去。从山西中部和北部出发，一条路向西，经杀虎口出关，进入蒙古草原；一条向东，过大同，经张家口出关进入蒙古。不论走哪条路，首先都要穿过长城设置的一系列关口。长城上的关口最初的作用是作为军事要塞，地理位置自然十分险要。

1.杀虎口

1690年，通往杀虎口的路上开始热闹了起来。路上走着一批批奔赴前线的士兵和跟随部队前进的商人。当时，康熙皇帝亲率八万大军深入草原腹地，军粮供应成为决定战事胜败的关键。由于战场与后勤基地之间相隔万里，运输线路又要跨越茫茫草原和浩瀚沙漠，在当时完全是靠人力和畜力完成大宗货物的运输，运一石军粮要耗费120两白银，开支巨大。正当朝廷为此事一筹莫展之际，山西商人看到了这个巨大的商机，主动请缨随军运送军粮和补给。于是，成千上万的山西农民离开了土地，拉开了"走西口"的序幕。那时，杀虎口的每一天都是忙碌而嘈杂的，商贾云集，人声鼎沸，北方最大的贸易集散地悄然形成。

2. 雁门关

雁门关位于平均海拔 1500 米的太行山脉之中，据说因为这里位置太高，关城建好之后，大雁也只能从城门洞中穿过去，因此而得名。走西口的山西人沿着崎岖的山路，要翻过这些望不到头的大山，而为了能在春天到达草原，他们又往

雁门关地势险要，一代又一代的晋商都由此经过

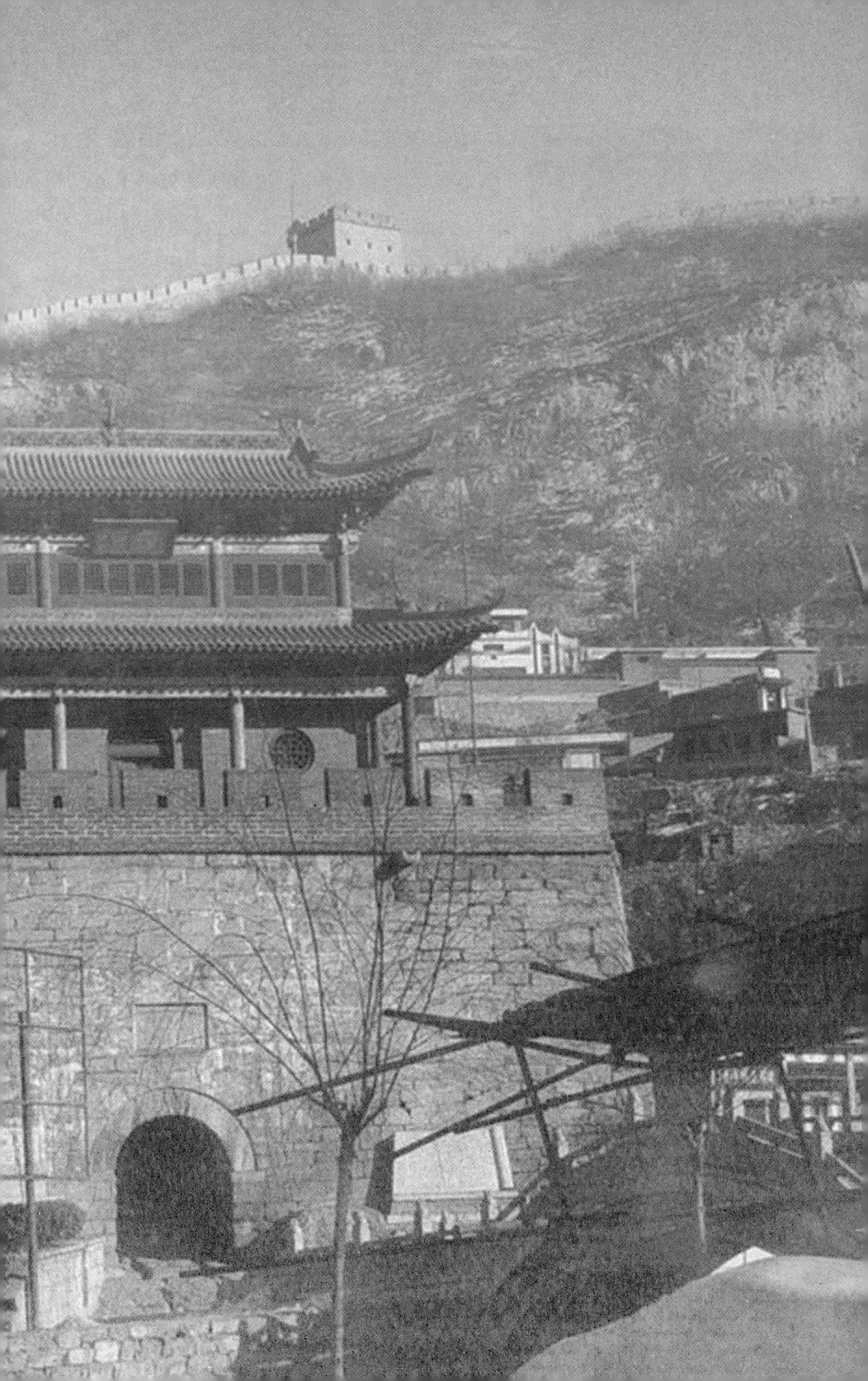

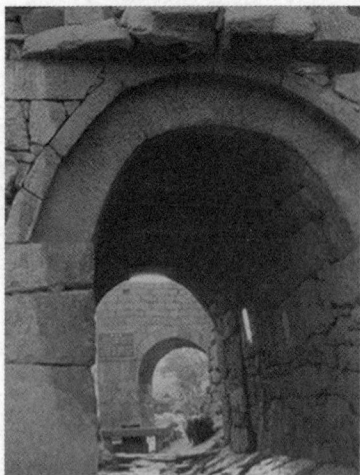
固关

往必须选择在数九寒天就开始漫长的跋涉。在这种条件下，山西人不但走了过去，而且是一代又一代地这样走过。走出去的山西人有了钱，父亲回来盖起一个小院，立下了一个坐标，儿子又会沿着父亲走西口的路，再走出去。

3. 固关

固关是山西东北部的一座门户。通过固关关城的路，由厚重的青石铺就，由于往来人员车马川流不息，年长日久，这些青石上竟轧出了几寸深的车辙印。当初走西口时，那些显赫的商人家族大多还是小商小贩。曹家的祖先，是推着独轮车卖沙锅的；常家的祖先，在张家口摆摊卖布；而乔家的祖先乔贵发，刚到蒙古草原时连小贩都算不上，是靠卖苦力给别人拉骆驼为生的。

4. 归化城

呼和浩特市玉泉区古称"归化城"，德胜街18号有一处青砖红门的宅院，是旅蒙晋商中规模最大的商号——大盛魁的总柜遗址。今天的大盛魁周围是一片破乱的平房，门前的路面铺着方砖，路边开着零零星星的花。院门门楼上的招牌字迹已不清楚，朱红的大门已经退色。难以想象，就是这个不起眼的院落，曾经是六七千人的商业队伍的中军帐。茫茫的草原上，这支队伍像蚂蚁一样浩浩荡荡扫过了每一块牧区，"集二十二省之奇货"，几乎垄断了蒙古牧区市场。

5.河曲

山西北部，有一个与内蒙古隔河相望的小城——河曲。这里至今仍保留着一个风俗，每年农历七月十五，都要在黄河上放上365盏麻纸扎成的河灯。这个风俗从清代开始，每年由德高望重的老船工主持，人们庄重地把船开到黄河中央，然后把河灯一盏一盏放下去。365盏河灯，不仅代表了一年365天，每一盏灯

山西小城河曲

还代表了一个孤魂，放灯的人希望这些顺流而下的河灯能把客死他乡的灵魂带回故乡。

（三）金融中心平遥

平遥是山西中部一个面积不大、人口不多的县城，日升昌就坐落在这座县城的西大街上。沿街厚木排门，檐下彩画，院屋第一进为柜台、账房；二进是职员住处、客房；三进为二层楼房，楼下是花厅，楼上为仓储和伙计住处；最后进是贵宾及高级职员住处。西侧有廊道，通马车，备有马厩和马倌住处。就是这样一座小小院落，开中国民族银行业之先河，并一度操纵 19 世纪整个清王朝的经济命

平遥是山西一座面积不大，人口不多的县城

平遥古城民居

脉。从清道光初年成立票号到歇业，执中国金融之牛耳一百多年，分号遍布全国35个大中城市，业务远至欧美、东南亚，因"汇通天下"而闻名。如今的日升昌旧址，已开辟为"中国票号博物馆"。

当时，在日升昌票号的带动下，平遥的票号业发展迅猛，一度成为中国金融业的中心，操纵和控制了中国的近代金融业。19世纪中后期，平遥古城是金融业最为发达的城市之一，是当代最有影响的票号总部所在地，也是金融业总部所在地和金融业总部机构最集中的地方。在票号兴盛的一百多年历史上，平遥古城对中国近代经济发展产生过重要影

平遥古城三多堂

响。

康熙四十三年(1703年),因皇帝西巡路经平遥,而修筑了四面大城楼,使城池更加壮观。平遥城墙总周长6163米,墙高约12米,把面积约2.25平方公里的平遥县城分隔为两个风格迥异的世界。城墙以内,街道、铺面、市楼保留明清形制;城墙以外称新城。平遥成为一座古代与现代建筑融于一体、交相辉映的佳地。

民间有句俗语:"平遥古城十大怪",其中一怪是"房子半边盖",即平遥民居大多为单坡内落水的形式。山西常年干旱,且风沙较大,将房屋建成单坡,能增

加房屋临街外墙的高度，而临街不开窗户，则能够有效地抵御风沙，提高安全系数。院内紧凑的布局则显示了对外排斥、对内凝聚的民族性格。

今日的平遥基本保存了明清时期的县城原型，有"龟"城之称。街道格局为"土"字形，建筑布局遵从八卦方位，体现了明清时的城市规划理念。城内外有各类遗址、古建筑三百多处，保存完整的明清民宅近四千座，街道商铺都体现着历史原貌，被称作研究中国古代城市的活样本。

(四) 常家庄园

常家庄园位于榆次西南东阳镇车辋

常家大院

村。车辋由四个小自然村组成，于四寨中心建一大寺，与四寨相距各半华里，形成一个车辐状，故名"车辋"。

在恰克图进行对外贸易的众多山西商号中，经营历史最长、规模最大者，首推常家。常家以财取天下之抱负，逐利四海之气概，制茗于武夷山，扎庄于恰克图，拓开万里茶路，销往蒙俄北欧，绵延二百余年，尤其到了晚清，在恰克图数十个较大的商号中，常家独占其四，成为富甲海内的晋商巨贾，驰名中外的儒商望族，堪称中国对俄贸易之第一世家。

明末清初，常家开始在车辋故里修建宅第。常万圯由南向北建成一条街，俗

常家庄园

称西街,常万达在村北购置土地,建起一条新街,俗称后街,故有"乔家一个院,常家两条街"之称。经过近二百年的完善,这两条街上建起深宅大院百余处,房屋四千余间,楼房五十余幢,占地六十万平方米。在千里堡墙、八道堡门的环围下,成为主人可燕居、可耕读、可修身、可退想、可观赏、可浏览、可悦心、可咏叹的理想精神庄园。常家庄园的建设规模当时称为三晋民居建筑之首。

清代是晋商的辉煌时期,和众多取得了成功的晋商一样,经商致富后的常氏家族在自己的故乡开始了大规模的宅院建设。但与众多晋商不一样的是,常氏以儒商文化独树一帜，既有进士、举人、秀才，又不乏书画名家，所以在宅第建筑上亦有自己的独创之处，其宅院不仅具有功能齐全的庄园特性和井然有序的中华礼仪传统，而且有着浓郁的儒文化品味。这一特色，为北方民间所罕见，也是晋中曹家、乔家、渠家等晋商宅院望尘莫及的。

作为儒商世家，常家对后人的教育和要求极其严格。常家规定，若弟子儒学不精，则不准参与经商等社会活动。因此，常家弟子儒学功底深厚，且不乏精通书画的优秀学者。从其九世到十五世的

平遥古城至今仍保持着旧貌

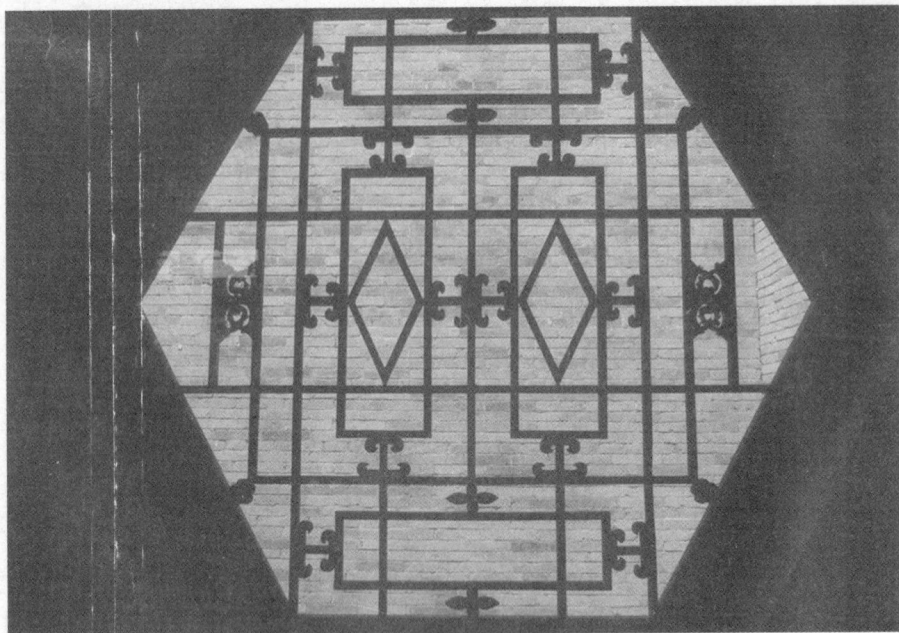

窗棂

二百余年间，有资料可查的书画家就有数十人之多。因此，常家庄园除了尽力在建筑的精雕细刻上表达其精神追求外，还直接将艺术融入自己的生活范围，形成了偌大庄园中的法帖群。

法帖，也叫"法书"，就是书法艺术真迹的复制本，即刻在木石上，可以用纸再拓下来的大型刻印版本，用于永久珍藏名贵书法作品，并可为后人提供书学范本。法帖作为书法和雕刻艺术的综合，使名笔墨宝得以长久保存，为中国书法艺术史上的一大创举。

常家庄园的听雨楼法帖收集了上起唐代，下至清中叶颜真卿、贺知章、欧阳

常家大院有着儒家的风范

询等五十余位大书法家的作品，他们的书法珍品，许多已不传于世了，如贺知章的《千字文》、郭子仪的《后出师表》、张照的《康熙帝南巡诗抄》，均为奇珍。常氏的《听雨楼法帖》和《石芸轩法帖》更是常家珍藏的双绝名帖，堪称中华碑帖中的奇葩。

常家商业兴旺发达，离不开中俄贸易条约的签订、恰克图的开市、大清帝国相对和平稳定等历史条件，也离不开创业者的逐利四海、敢为天下先的胆略和胸怀，但这个家族能绵延200年长盛不衰，最重要的就在于他们在家道小康之后，就重视教育、注重培养人才，家业大兴后，更加不遗余力地兴学育人，家办私塾多达17座，六七十个家庭几乎都有书房或书院，供主人看书学习，对子弟进行早期教育。在200年的经营之路上，常家尊儒重教，造就了一批又一批知诗书、识礼义，善于将儒家思想融于商业经营的杰出商业管理人才，形成了一个既有商业意识、又有文化素养的优秀商业管理群体，使常家产业力压群芳，长盛不衰。所以，常家被推为三晋儒商、"邦国典型"而受世人尊重，人们这样评价常家："有志四方，货殖居奇，俨然孔门之端木；决

在山西商号中，经营历史最长、规模最大者，要首推常家

胜千里,奇能致富,不让越国之大夫。"

(五)三多堂

　　三多堂位于太谷县城西南五公里处北恍村东北角,原是晋商巨富北恍曹家的一处"寿"字形宅院,外观雄伟高大,形似城堡,独立村北,与四周低矮的民房形成鲜明对照。宅院总占地面积10638平方米,建筑面积6348平方米,保存着明、清、民国时期的建筑群,陈列着无数珍品。

　　曹家始祖曹邦彦是太原晋祠花塔村人,以卖沙锅为生,明洪武年间举家迁移到太谷北恍村,兼以耕作。到第14代,曹三喜独闯关东做买卖,获利甚丰。清兵入

曹家大院充满了富贵气息

关，曹家又把生意做到关内，先在太谷设号，后辐射全国。到道光、咸丰年间达到鼎盛，大江南北都有曹家的铺面，达640余座，资产高达1200万白银，雇员有37000人。后又跨出国门，把国内的茶叶、布匹输往国外，引进日本的钢铁、朝鲜的人参和俄罗斯的金属制品。曹家在山西和蒙古之间走出的"茶叶之道"，可与历史上的"丝绸之路"相媲美。

曹家在极盛之时，在北恍村相继建起了一批布局庞大、富丽堂皇的宅院，尤以"福""禄""寿""禧"字形建造的四座大院最具代表性。幸存下来的"寿"宅院，是曹氏家族中的一个分支堂名，习惯上称

如今的曹家大院已成为山西省重点文物保护
单位

曹家大院室内陈设

为多福、多寿、多男的"三多堂"。这座宅院坐北朝南,分南北二部分,东西并排三个穿堂大院,连接三座三层17米高的楼房,内套15个小院,现存房舍277间。整个建筑雕梁画栋,信步廊庑迂回,举目檐牙高喙。楼顶还建有三个亭式重楼,飞阁凌空,既是曹家护院家丁巡逻之地,也是主人举杯邀月之所。清晨雾气霭霭之时,或黄昏暮色茫茫之际,站在远处观赏,三多堂的三座顶楼和整个建筑一起,酷似三头庞大的"牛""羊""猪"形。这种追新逐奇的建筑意识,为宅院平添了几分辉煌和神秘。

五　晋商文化

晋商建筑可谓近代最精彩的建筑之一

（一）大院文化

中国民居建筑，向有"北在山西，南在安徽"之说。皖南民居以朴实清新而闻名，晋中大院则以深邃富丽著称。在山西，元明清时期的民居现存尚有近一千三百处，其中最精彩的部分，主要是集中分布于晋中一带的晋商大院。

晋商宅院结构严谨，一般呈封闭结构，有高大围墙隔离；以四合院为组合单元，院院相连，沿中轴线左右展开，形成庞大的建筑群，有的构成某种图形，取吉祥喜庆的象征意蕴。难得的是，这些巨型宅院的建设虽然在几百年间持续展开，但在布局设计、工艺技术、艺术风格上却能保持协调一致、前后统一。四十多年前，建筑大师梁思成先生在山西考察古建筑时，曾这样写道："这种房子在一个庄中可有两三家，遥遥相对，仍可以想象到当日的气势，其所占地面之大，外墙之高，砖石木料上之工艺，楼阁别院之复杂，均出于我们意料之外许多"，"由庄外遥望，十数里外犹见，百尺矗立，崔嵬奇伟，足镇山河，为建筑上之荣耀"。

今日，乔家大院、渠家大院、曹家大院和王家大院四个晋商大院先后开放，四处各具特色，交相辉映：乔家大院完全是城堡式的建筑，院墙高大如城墙，以前更夫行走其上，清脆的梆子，声闻方圆十余里。整座大院结构呈"囗"形，布局讲究方正和稳定。渠家大院十分讲究建筑形式，罕见的五进式穿堂院、石雕栏杆院、十一踩木制牌楼和包厢式戏台院号称"四绝"。屋顶的形制也极丰富，歇山顶、悬山顶、硬山顶、卷棚顶各不相同。院与院之间均有牌楼相隔，随处可见的匾额楹联透露出些许书香气息。曹家大院充满富贵气度，整体结构是篆书的"寿"字形。主体"三多堂"取多子、多福、多寿之意，由三座四层的堂楼组成，楼顶还分别

晋商大院先后开放，各具特色，交相辉映

建有亭台，在以平房为主的北方民居中显得尤为突出。王家大院则建在山坡上，远望是海拔2000米的绵山山脉，近处有小河潺潺流淌；前后院落每一进都上一高度，极富层次感。院内俯仰可见砖、木、石雕刻，每个门墩、石础都堪称艺术品。这几处晋商宅院可说是将民居建筑文化发挥到了极致，体现了山西民居、甚至北方民居的精华，人们称赞这些宅院"汇宋元明清之法式，集江南河北之大成"，可见晋商大院建筑的精妙。

同时，山西大院也是晋商500年兴衰史的见证，大院里的一砖一瓦都渗透

山西大院的一砖一瓦都渗透着晋商文化

山西大院是晋商五百年兴衰的见证

着晋商文化。山西地处中原与北方游牧民族地区物资交换的要冲，加上晋中南地狭人稠，外出经商谋生自然成了许多人的选择。但晋商极少举家迁至他乡，往往一人在外苦心经营，家眷留在原籍，讲究的是"发财还家盖房置地养老少"。于是便有了这么多奇迹一般的大院，它们的豪华气派是晋商实力的最好证明。从大院高墙深宅的建筑形制中也可看出晋商的保守自闭、墨守成规。实际上，营造豪宅的行为本身就是一处致命伤：晋商资本大量流向老家土地，不利于商业资本向近代资本发展。尽管明清晋商拥有值得赞叹的经营思想、管理体制，但他们

常家庄园内精致的雕刻

终究还是封建商人,遭遇纷乱的时代,衰落不可避免。

山西大院,是近代山西社会的一个缩影。宛若城堡建筑的山西大院,宏大、厚重、古朴、静雅,体现了19世纪中叶以来中国内地古朴闭塞的民风,也体现出了近代山西人一定程度上的保守性。

(二) 家族文化

家庭是社会的基本细胞,也是社会最基本的经济单位。晋商家族不同于一般官绅家族,它是具有商业烙印的传统文化家族。

常家庄园

山西大院是山西近代经济发展的一个缩影

常家庄园的木门雕刻非常精美

晋商十分重视家规与家风。以乔家为例，他们深知：买卖有赚就有赔，既要赚得起也要赔得起，才能立于不败之地。因此，在买卖兴隆时，乔家便把赚下的银子积存起来，以备不测。并且教导子女，要勤俭持家，绝不能奢侈浪费。到乔致庸时代，乔家明确地制定了家规家法，约束子弟。其家规主要包括：一不准纳妾，二不准虐仆，三不准嫖娼，四不准吸毒，五不准赌博，六不准酗酒。总的来说，乔氏子弟均能恪守祖训，其后裔有成就者也很多。他们并未仰仗祖宗基业成为纨绔子弟，而是靠着自身的勤奋努力，各自开辟了自己的事业与前途，且恪守祖训，无一人涉足政界，大多在金融界、教育界、科技界工作。

对待仆人，乔家也有独到之处。乔家给仆人的工资较优厚，逢年过节另有赏赐，面、肉、柴、煤等按时发放到各仆人家中。乔家对待仆人很宽容，不仅要保证仆人吃得饱、穿得暖，还十分尊重仆人的人格。仆人偶有小的过失，也不恶语相向，更不打骂虐待。仆人家如有天灾人祸，均热情相帮。因此，这些仆人多能对主人尽心尽力。

晋商家族有重学的一面，但他们的

常家将儒家思想融于商业经营之中，堪称典范

目的是以学保商。榆次车辋富商常氏尊师重教，为子弟提供优越的学习条件，但其目的不是"学而优则仕"，而是为常氏经商活动培养人才。即使已取得功名的常氏子弟，仍以经商为荣。常家第十二代常麒麟，已选拔贡，需赴京入国子监，他却弃儒为商。其子常继丰，少年就学时，词章粹美，考入国子监，后又实授"游击"，仍然弃官经商。常氏子弟恪守"吾家世资商业为生计"的祖训，坚持以学保商，对商业的发展起了积极的作用。就连举人出身、自命不凡的刘大鹏也承认：

山西常家庄园内牌匾

"余于近日在晋接触周旋了几个商人,胜余十倍,如所谓鱼盐中有大隐,货殖内有高贤,信非虚也。自今以后,愈不敢轻视天下人矣。"

(三) 会馆文化

遍及全国的晋商会馆,是山西商人创造辉煌商业奇迹的缩影。明代中期,山西的粮商、布商、盐商、茶商、票商遍布全国,甚至远涉他国,然而,凡是有山西商人聚集的地方就有其修建的会馆。如果说当初官绅会馆的肇始,是代表着同乡的利益和权势的话,那么商业会馆的建立,更多的则是联络乡谊、聚会议事、沟

常家大院前的石像

通信息、维护同乡同行利益、公议现行、祭祀神灵、聚岁演戏及各种庆典、购置茔地、举办善举的处所。每当同乡在外发生"疾病疴痒",会馆便"相顾而相恤",提供钱财药物,会馆对年老失去工作能力者则更要予以救济,对穷儒寒士也会提供方便。

晋商会馆中都供奉"义薄云天,精忠贯日"的"武圣"关公,不仅因为关羽是山西人,更因为关羽以义行天下,最受乡人崇敬,成为晋商的精神偶像。戏楼往往是晋商会馆中最为精美的部分。每至喜庆节日,晋商会馆必演戏酬神。一来是为了

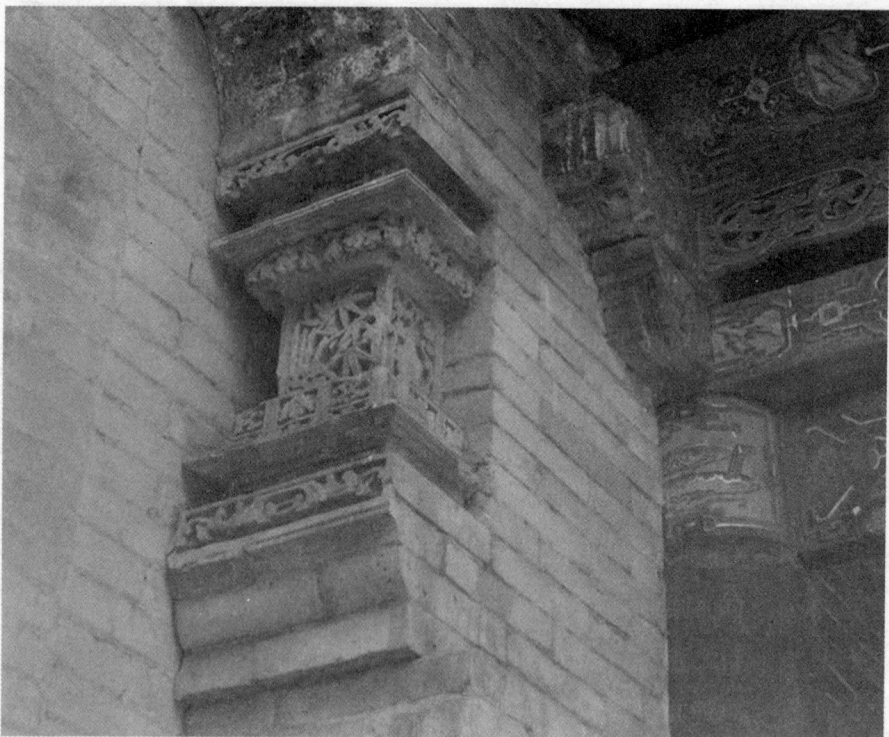

屋顶拐角处的雕刻

祈祷神灵保佑生意兴隆发财添福；二来可以巩固内部团结。

晋商会馆是远方乡愁的一丝慰藉，晋商在进行南货北运、北货南调的经济活动时，恐怕心里想的不仅仅是这次能挣多少钱，更多的可能是几时才能回家看看，几时才能享受一番老婆孩子热炕头的生活。回家虽然遥遥无期，但会馆却遍地都是，会馆就是山西商人在外的家。到家后，他们可以看乡戏、听乡音，借酒浇愁，也可以在关老爷面前平静自己的心灵，或许还能让关老爷给家乡的亲人报个平安。

（四）晋商与晋剧

晋商素以"多财善贾"著称于世，他们凭借雄厚的资财，修建深宅大院，自创或资助戏班剧社。从现存的平遥古城、祁县乔家大院、渠家大院，可以窥见其往昔商铺宅邸的豪华气派，然而他们创立的众多戏班，捧红的一个个名角，都已成为历史烟云，鲜为人知了。

晋剧俗称中路梆子，是山西四大梆子之一，它植根于以古并州（今太原市）为中心的晋中地区，兼收了其他剧种的优良技艺，具有浓厚的地方特色。近二百年来，这种独特的戏剧艺术凭借其激越

晋商会馆成了山西商人远方乡愁的一丝慰藉

庭院文化

常家大院门庭的精美雕刻

王家大院

豪迈的艺术魅力，不仅受到三晋父老乡亲的喜爱，还流传到冀、陕、蒙、豫、甘、川等省区的广大乡村以及北京、天津、张家口、包头等大中城市。而晋剧的创建、繁盛和流传，都与晋商有着密不可分的关系。自清中叶至民国初年间，活跃在太原、晋中一带的戏班和票社承办者大多为巨商、财主、店主等，大部分靠这些商贾资助。

在众多的晋商中最具代表性的便是韩子谦。他出生于祁县富商家庭，行五，人称韩五少。父经商于扬州，母王氏为江南昆曲名伶。这种得天独厚的条件，构成了他与戏剧的特殊关系，也成全了他的事业。韩子谦于 1925 年同时考取北京大学艺术学院戏剧系和北京平民大学新闻系，四年后同时获取两校毕业文凭后返晋，专心致力于晋剧艺术的研究和改革。20 世纪 30 年代，他家在祁县城开设福聚煤油公司，又兼营碱面和电光皂等新型产品，迫切需要他这个文化人来经营这样大的产业。但他本人却一心一意钻研晋剧，志在晋剧艺术的挖掘、整理和改革。为此，他不惜重金购买全部行头，每年冬季辟锅灶、设暖房，专请晋剧艺术名流前来聚会，切磋技艺。当时正值祁县票房的鼎盛时期，文化造诣颇高的票友有

常家大院冬景

王家大院建在山坡上，极富层次感

何荫芬、许维藩、王剑锋以及大财主何芳圃、渠顺斋、郭少贤、徐阳柱等百余人，行当齐全，技压群芳。在韩子谦的积极倡导下，成立了戏曲研究社，从晋剧的剧本、音乐、声腔到表演艺术，都进行了深入、系统的研究和改革。

自然，晋剧的广布流传更是得益于山西商人的外出经商。"商路即戏路"，凡有晋商会馆的地方，就有山西梆子戏的演出。晋商会馆养活了戏班，也捧红了梆子名伶。晋商为晋剧艺术的发展、繁荣和传播所作出的贡献，足以给今天企业与文艺团体的合作提供有益的借鉴。

（五）晋商与武术

由于晋商外出经商常在数千里外，经常会遇到意想不到的困难与险阻，甚至盗贼的袭击，因此晋商历来重视武术，有不少人自己练就了一身武术，以防盗贼袭击，有些人甚至参加过抗击海盗的军事斗争。明嘉靖三十三年（1554年），山陕盐商为抗击日本海盗入侵，曾选500名善射骁勇的商兵防守扬州。隆庆元年（1567年），江苏松江倭寇压境，山陕诸商骁勇者曾协力抵御。

心意拳和形意拳的发祥和发展，得到了晋商的鼓励与支持。祁县是戴氏心

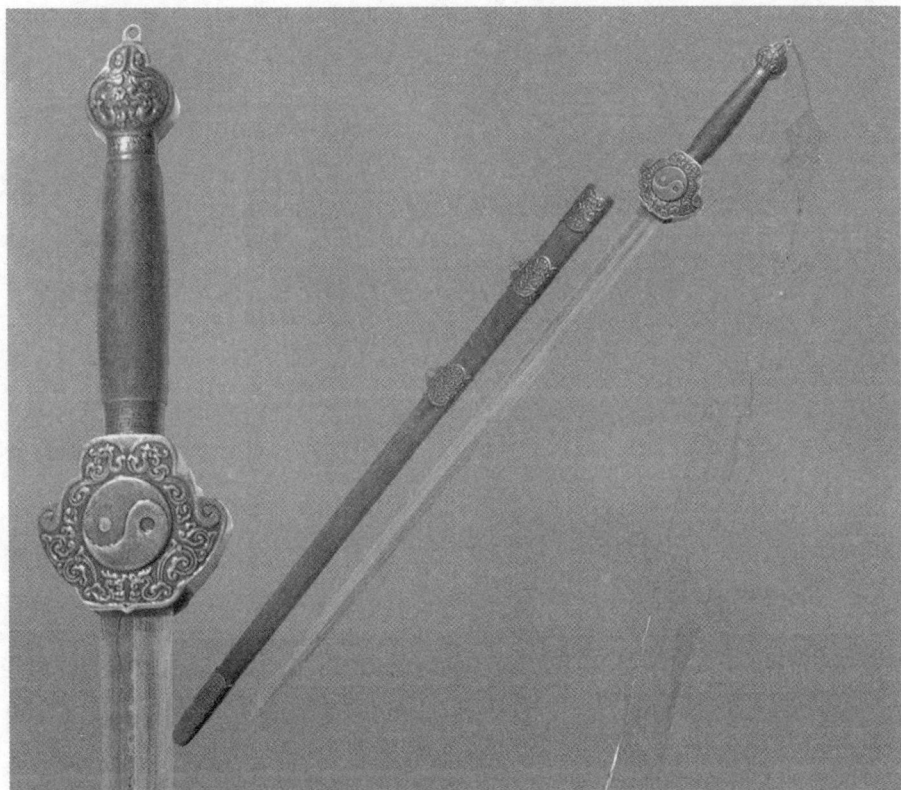

武术与拳师保护了晋商的经营活动

意拳发祥地，心意拳或形意拳武林高手大多被祁县、太谷等地富商聘任为护院拳师。如山西太谷北光村富商曹氏的三多堂有护院家丁五百余人。三多堂按照东南两局，各设护院拳师一人，又在南山青龙寨设守寨拳师一人。形意拳高手如李老农、申天宝、冯克智、胡铎、李发勬、武鸣国、吴本忠、车毅斋、贺运亨等，多在曹氏三多堂担任过护院拳师。这些拳师在富商家中多能受到礼遇。武术与拳师对于晋商的活动，有着保护安全的作用，而晋商对武术与拳师的鼓励、支持，也在一定程度上推动了武术的发展。

（六）晋商与茶文化

晋商在清代的商业活动中，进行过很有特色的茶树培植、加工及运销等工作，为我国茶文化的发展与传播起到了积极的推动作用。

晋商在湖北大量植茶、制茶主要是以出售为目的。运销地区主要是湖南、湖北、河南、山西、河北、广东、陕西、甘肃、新疆、青海等省、自治区和俄、英等国。恰克图从雍正年间辟为国际商埠后，到道光时已有茶庄一百家左右，皆为晋商经营，其中著名的晋商商号有大德玉、大升玉、大泉玉、锦泰亨、锦泉涌等。乾隆以来中俄茶叶贸易日盛。据统计，嘉庆五年（1800年），由恰克图销往俄国的茶叶达279900俄磅，合250多万斤，道光以后，贸易数额又大增。从道光十七年到十九年（1837—1839年），每年销往俄国的茶叶平均为8071880俄磅，合700多万斤，几乎全是晋商经销。咸丰初年中俄茶叶贸易仍然保持着良好的势头，每年销给俄国的茶叶达15万箱，有900多万斤。这时，晋商对俄贸易尚保持着很大优势，具有贸易的主动权。然而，第二次鸦片战

晋商推动了中国茶文化的发展

争以后,沙俄通过不平等的《北京条约》取得了特权,开始向中国进行经济渗透。同治二年(1863年)以后,沙俄相继在汉口、福州、九江等地开设了茶厂。同治四年(1865年)后,英国商人又在台湾和福建开办茶厂。洋人利用机器生产茶叶,加上低税率与内地采购土货以及加工制作等特权,运茶成本大大降低,山西茶商利权被夺,生机顿减。在湖北的晋商为了与洋商进行商业竞争,也开始对茶叶工厂进行改造。光绪十九年(1893年)前后,晋商开始使用气压机和水压机制作砖条。光绪二十三年(1897年),又从英国购进烘干机设备,炼制出了色味俱佳的茶叶。

尽管晋商的茶叶贸易,在同治、光绪年间发展不顺利,步履维艰,但他们对中国茶叶经济与文化的发展有过积极的作用。为了保证茶叶货源与茶叶质量,山西商人曾在福建武夷山区,通过"行东"(代理商)以包买形式控制一些作坊,要求对方按照自己的要求进行茶叶加工。但是,咸丰三年(1853年)以后,因受太平天国运动影响,晋商去福建的茶道受阻,茶叶贸易受到影响。后来,晋商发现湖北武昌府的崇阳、蒲圻两县交界处的羊楼峒、羊

晋商极力推崇中国茶艺

几杯淡茶,几缕清香

楼司一带具有栽植茶树的自然条件,便指导当地人栽植茶树和制造红绿茶之法,使这一带逐渐成为晋商新的茶叶产地。咸丰、同治时期,蒲圻、崇阳等地的人在晋商的指导下,已能够制作上好的绿茶。晋商还将红茶加工技术传播到鄂东南乃至鄂北、蒲、崇等县。

咸丰、同治年间的茶叶,大多是散装,晋商收购后,需要进行较大批量的包装。到了光绪年间,蒲圻地方开始制作砖茶。最初的砖茶压制法比较简单,属于民间简单机械加工,生产规模较小,操作不便,平压效果不良,厚薄不均匀,四角边缘往往因压力不够而出现残缺,既不整洁,又多损耗。不过它将茶叶的制作由散装转变为有形状的砖条,标志着一种新产品的诞生。后来,晋商又在木压机的基础上发明了一种铁压机,收到了省力、省工、产品光洁整齐、节省原料的效果。晋商在晚清基本上控制了湖北的茶叶生产活动,特别是武昌府属各县的制茶业,一般都是按照晋商的要求进行加工,然后由晋商统一收购。砖条虽然是茶农的产品,却要贴上晋商的商标,并写上监制的字样。也就是说,茶农是代晋商生产,由晋商预先付一笔加工订金,晋商具有包

晋商出口红茶，影响了西亚、东欧的饮食文化

晋商将中国的茶文化传播到了国外

销商的性质。到光绪中期，晋商逐渐在蒲圻等地建立了茶叶加工厂，进行较大规模的生产。

晋商不仅在湘鄂地方首先培植与加工制造红茶，供应华北、西北人民饮用，并使红茶享誉俄国，把中国的茶文化传播到了国外。晋商与湖广茶农培育和制作了适合俄国和西亚人口味的红茶，并积极组织出口外销，使俄国与西亚、东欧国家人民的嗜茶风气与日俱增，较大程度上影响了西亚与东欧游牧民族的生活习惯和饮食结构，使东方文化进一步"西渐"。俄国人曾记述道：中国红茶的贸易，使"涅而琴斯克边区的所有居民不论贫富、年长或年幼，都嗜饮砖条（以红茶为原料）。（该）茶是不可缺少的主要饮料，早晨就面包喝茶，当做早餐。不喝茶就不去上工。午饭后必须有茶。每天喝茶可达五次之多，爱好喝茶的人能喝十至十五杯。不论你什么时候到哪家去，必定用茶款待"。而且"所有亚洲西部的游牧民族均大量饮用砖茶（红茶），并常把砖茶当做交易的媒介"。可以说，晋商不仅对中国茶叶的生产、运销作出了贡献，更对中国茶文化在海内外的传播发挥了积极的作用。